Dolores Huerta

mi mini biografía

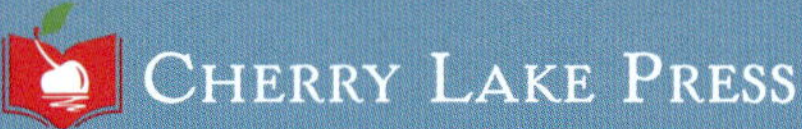

Publicado en los Estados Unidos de América por Cherry Lake Publishing
Ann Arbor, Michigan
www.cherrylakepublishing.com

Asesora de lectura: Beth Walker Gambro, MS, Ed., Yorkville, IL
Ilustrador: Leo Trinidad
Traducción por Editec Soluciones Editoriales

Créditos de las fotos: © NMHM/DCA, 5; © Jacob Boomsma / Shutterstock, 7; © John Kouns, Courtesy of the Tom & Ethel Bradley Center at California State University, Northridge, 9; Courtesy of The Bob Fitch Photography Archive, Standford University Libraries, 11; Clarke, Emmon/ Bradley Center / CSUN University Library, 13; Walter P. Reuther collection, Wayne State University via the Smithsonian Institution, 15, 22; John Malmin, Los Angeles Times, UCLA via Wikimedia Commons CC BY SA 4.0, 17; © UPI / Alamy Stock Photo, 19, 23; Rafa213 via Wikimedia Commons CC BY SA 4.0, 21; Todos los marcos de las imágenes, Shutterstock Images

La información del catálogo de publicación de la Biblioteca del Congreso ha sido presentada y está disponible en catalog.loc.gov.

Impreso en los Estados Unidos de América

contenido

Sobre la autora: Brenda Perez Mendoza es una premiada educadora y autora de la serie *Racial Justice in America: Latinx American*. Creció en Cicero, Illinois, como hablante nativa de español. Cuando iba a la escuela, no había suficiente apoyo para los estudiantes que estaban aprendiendo inglés. Eso es lo que la llevó a convertirse en especialista en ELL K-12 y a trabajar con estudiantes bilingües. Trabaja para que todos los estudiantes, especialmente los latinos, abracen su cultura y celebren quienes son. En la actualidad, vive en Chicago, Illinois, y está comprometida a garantizar que los estudiantes puedan acceder a prácticas educativas que tengan en cuenta la cultura y a defender al niño en su totalidad.

Sobre el ilustrador: Leo Trinidad es un dibujante de cómics, ilustrador y animador costarricense muy exitoso del NY Times. Lleva más de 12 años creando contenido para libros infantiles y programas de televisión. Leo creó la primera serie animada producida en América Central y fundó Rocket Cartoons, uno de los estudios de animación más exitosos de América Latina. También ganó el concurso *Central American Graphic Novel* en 2018.

Nací en Nuevo México
en 1930.

Soy mexicana-estadounidense.

Me mudé a California.

Me trataron de forma injusta.
Fue por ser hispana.

Me convertí en maestra. Las familias de mis estudiantes trabajaban en el campo.

Mis estudiantes también.

Su vida era difícil. Era injusto. Yo quería ayudar. Me uní a un sindicato.

Fui una **activista**.

¿Cómo ayudas a tu comunidad?

Trabajé con otros.
Creamos un **sindicato**.
Juntamos a los trabajadores.
Dijimos: “¡Sí, se puede!”.

Nos juntamos con otro sindicato.
Hicimos una huelga.

Los trabajadores dejaron de recoger uvas.

¡La huelga funcionó! Ganaron más dinero y **beneficios**.

No me detuve. Seguí trabajando.

¿Qué leyes cambiarías?

Ayudé a las mujeres.
Ayudé a los **inmigrantes**.
Ayudé a los pobres.

Hice una **fundación**.

INTERNATIONAL
WOMEN'S
S+RIKE
INTERNACI

Me dieron un premio. Fue la Medalla Presidencial de la Libertad. Fue en 2012.

Mi obra inspira a otras personas.

¿Qué te gustaría preguntarme?

Línea de tiempo

1966

1920

Nació en 1930

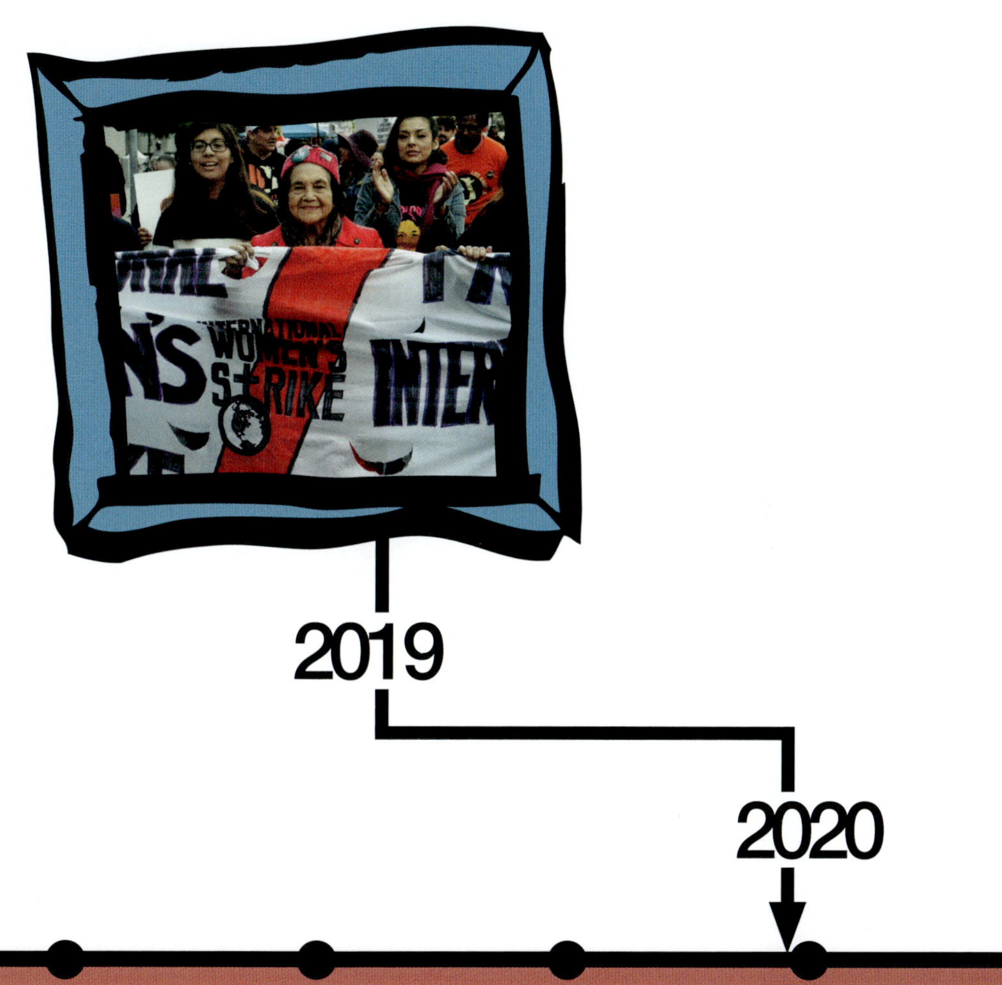
INTERNATIONAL WOMEN'S S+RIKE
2019
2020

glosario & índice

glosario

activista una persona que actúa para apoyar una causa o idea

beneficios servicios o derechos que los empresarios ofrecen a los trabajadores además del salario

fundación una organización creada para apoyar causas u objetivos específicos

inmigrantes personas que se trasladan de un país a otro

sindicato un grupo organizado de personas que trabaja para conseguir mejores salarios y un trato justo para sus miembros

índice